Chistes Para Niños

Por Riley Weber

RileyWeberArt.com

© 2014 Riley Weber. Todos los derechos reservados. Cualquier reproducción no autorizada, uso, copia, distribución o venta de estos materiales - incluidas las palabras e ilustraciones - sin el consentimiento por escrito del autor están estrictamente prohibidas. La ley federal establece penas severas para la reproducción no autorizada, uso, copia o distribución de material con derechos de autor.

¿Qué le dice un pez a otro?

¡Nada nada nada!

¿Qué le dice una uva verde a una uva morada?

¡Respira!

¿Cuál es el animal más antiguo?

La vaca. ¿Por qué? Porque está en blanco y negro.

¿Cuántos animales subió Moisés al arca?

Ninguno, porque no era Moisés, era Noé.

¿Sabes que mi hermano anda en bicicleta desde los cuatro años?

Mmm, ya debe estar lejos.

¿Qué hacen dos pollitos pequeños frenta a una rotisería?

Viendo un película de terror.

¿Por qué los perros babean?

Porque no saben escupir.

¿Qué es verde y dice, "Hola soy una rana"?

Una rana parlante.

¿Qué le dijo un árbol al otro?

¡Nos dejaron plantadas!

¿Qué le dijo la luna al sol?

Eres tan grande y todavía no te dejan salir de noche.

Un chico anda en bicicleta y le dice a la mamá:
¡Mamá mamá!, mira con una mano.
¡Mamá mamá!, mira sin manos.

¡Mamá mamá!, mira sin dientes.

¿Cuál es la vocación artistica preferida de la vaca?

¡La muuuuuusica!

¿A dónde van los gatos cuando quieren tener unas vacaciónes con mucha acción?

A las Islas Canarias.

¿Qué le dijo el té a la azúcar?

Sin ti mi vida sería amarga.

¿Qué le dice un gusano a otro gusano?

Me voy a dar una vuelta a la manzana.

¿Qué le dice un pato a otro pato?

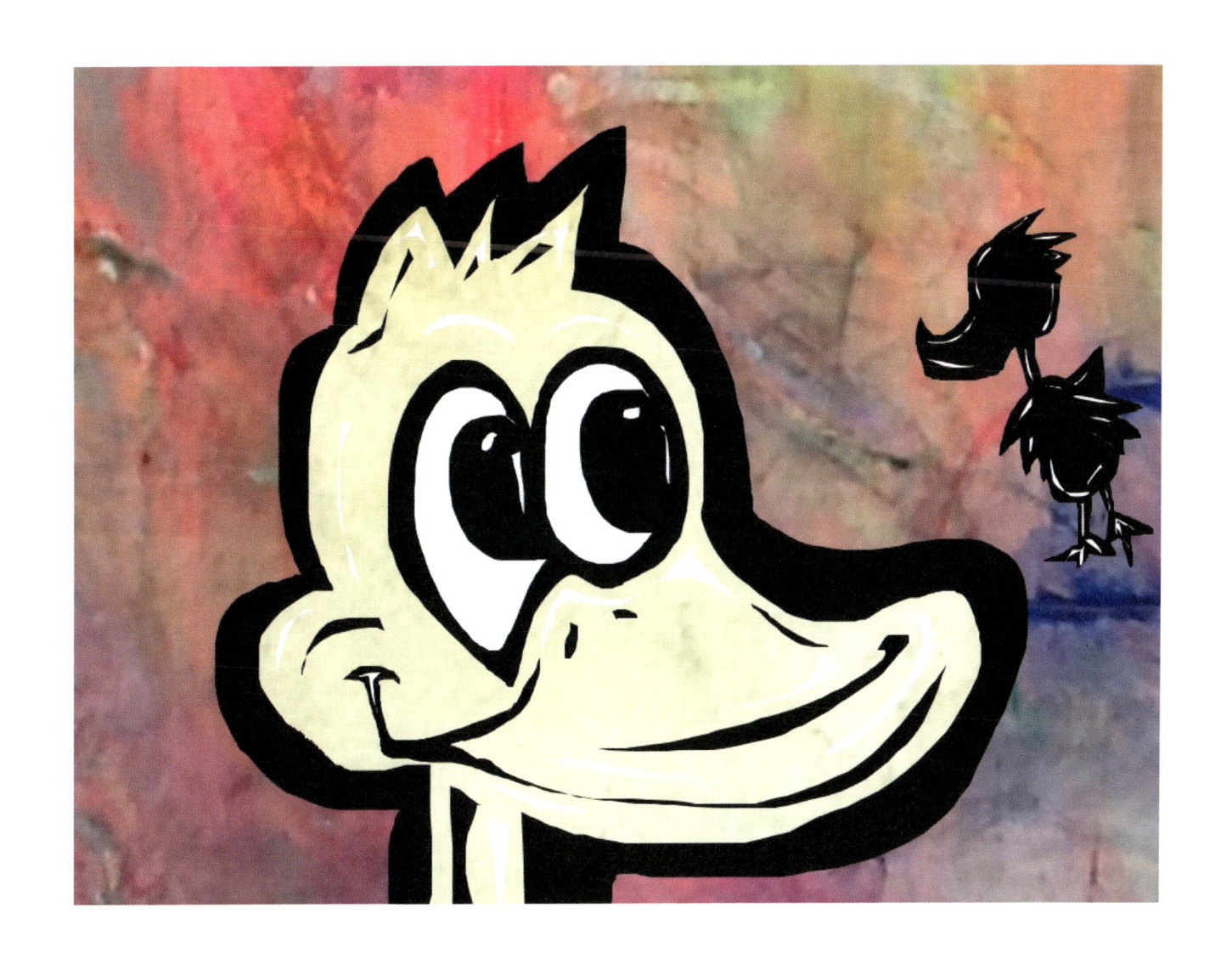

¡Estamos empatados!

¿Por qué algunos niños ponen azúcar debajo de la almohada?

Para tener dulces sueños.

¿Qué le dijo una pulga a otra pulga?

¿Vamos a pie o esperamos al perro?

¿Cuál es la fruta que asusta?

¡El coco - drilo!

¿Cuál es el animal que da más vueltas después de muerto?

El pollo asado.

Dos globos iban sobre el desierto y uno le dice al otro, "Cuidado con el cactus."

Y el le responde, "¿Cuál cactusssssssss?"

¿Cuál es el pez más salado?

El salmón.

Por qué murió el libro de matemáticas?

¡Por tantas operaciones!

¿Qué le dijo un cable a otro cable?

¡Somos intocables!

¿Cuál fue el último animal que creó Dios?

El del fin.

¿Cuál es el día más largo de la semana?

Miércoles, porque es el día que tiene más letras.

Más libros para niños del autor Riley Weber

Visita a RileyWeberArt.com

Printed in Great Britain
by Amazon.co.uk, Ltd.,
Marston Gate.